BEI GRIN MACHT SICH IHR WISSEN BEZAHLT

AF155060

- Wir veröffentlichen Ihre Hausarbeit,
  Bachelor- und Masterarbeit

- Ihr eigenes eBook und Buch -
  weltweit in allen wichtigen Shops

- Verdienen Sie an jedem Verkauf

Jetzt bei www.GRIN.com hochladen
und kostenlos publizieren

Trainingsplan für ein Ausdauertraining für eine Kundin ohne Ausdauertrainingserfahrung

GRIN ☺

Bibliografische Information der Deutschen Nationalbibliothek:

Die Deutsche Nationalbibliothek verzeichnet diese Publikation in der Deutschen Nationalbibliografie; detaillierte bibliografische Daten sind im Internet über http://dnb.d-nb.de abrufbar.

ISBN: 9783346914316
Dieses Buch ist auch als E-Book erhältlich.

© GRIN Publishing GmbH
Trappentreustraße 1
80339 München

Druck und Bindung: Books on Demand GmbH, Norderstedt Germany
Gedruckt auf säurefreiem Papier aus verantwortungsvollen Quellen

Das vorliegende Werk wurde sorgfältig erarbeitet. Dennoch übernehmen Autoren und Verlag für die Richtigkeit von Angaben, Hinweisen, Links und Ratschlägen sowie eventuelle Druckfehler keine Haftung.

Das Buch bei GRIN: https://www.grin.com/document/1376830

Deutsche Hochschule für
Prävention und Gesundheitsmanagement

Hermann-Neuberger-Sportschule 3

66123 Saarbrücken

Hausarbeit

Studiengang	B.A. Gesundheitsmanagement
Studienmodul	Traningslehre II
Datum Präsenzphase (siehe Ergebnisdokumenta-tion)	24.04.2023-26.04.2023
Aufgabe	Erstellen Sie für eine Person ohne Ausdauertrai-ningserfahrung eine Trainingsplanung für das Ausdauertraining.

Inhaltsverzeichnis

1. Diagnose

1.1 Allgemeine und biometrische Daten

1.1.1 Datensammlung der Kundin X

Zunächst werden alle trainingsrelevanten, insbesondere gesundheitliche und biometrische Daten der Kundin X in einem Eingangsgespräch gesammelt. Je mehr Daten erhoben werden, desto objektiver und zuverlässiger kann der aktuelle Gesundheitszustand und die Leistungsfähigkeit unserer Kundin X eingeschätzt werden.

Tab. 1: Allgemeine und biometrische Daten der Kundin X (eigene Darstellung)

Alter	43 Jahre
Geschlecht	weiblich
Körpergröße	173 cm
Körpergewicht	79 kg
Trainingsmotive	Kundin X möchte ihre allgemeine Fitness verbessern und sich fitter fühlen. Außerdem möchte Sie ihre Gesundheit fördern.
Berufliche Tätigkeit	Kauffrau im Gesundheitswesen (sitzende Tätigkeit)
Aktuelle und frühere sportliche Aktivität	Als Jugendliche wurde 2x die Woche (90 min) Volleyball gespielt auf mittlerem Leistungsniveau. Aktuelle Sportliche Aktivität beschränkt sich auf Spaziergehen mit Freunden (eine Einheit pro Woche, maximal 20 Minuten, niedriges Leistungsniveau) und unregelmäßiges Fahrradfahren in der Natur (alle drei bis vier Wochen 20 Minuten einem Tag auf niedrigem Leistungsniveau).
Zeitlicher Verfügungsrahmen	Zwei bis drei Abende in der Woche ab 18 Uhr.
Allgemeiner Gesundheitszustand	Durchweg ein relativ guter allgemeiner Gesundheitszustand.
Gesundheitliche Einschränkungen	Keine Gesundheitlichen Einschränkungen.
Medikamente	Keine Einnahme von Medikamenten.
Blutdruck	Systolischer Blutdruck: 139 Millimeter Quecksilbersäure (mmHg) Diastolischer Blutdruck: 89 mmHg
Ruhepuls	78 Schläge/min
BMI	26,4 (kg/m^2)
Körperfettanteil	34,2%
Hüft-Taille-Quotient	0,87 (84cm:97cm)

1.1.2 Bewertung der biometrischen Parameter

Tab. 2: Blutdruckklassifikationen der American Heart Association (modifiziert nach Mancia et al. 2013, S. 1286)

Bewertungsstufen	Systolischer Blutdruck (mmHg)	Diastolischer Blutdruck (mmHg)
Optimal	<120	<80
Normal	<130	<85
Hochnormal	130-139	85-89
Hypertonie Stufe 1	140-159	90-99
Hypertonie Stufe 2	160-179	100-109
Hypertonie Stufe 3	>180	>110

Im Rahmen der Diagnose konnte der Blutdruck der Kundin X von 139/89 mmHg gemessen werden. Vergleicht man diesen Wert mit den Normwerten aus Tabelle 2, wird erkennbar, dass sich der Blutdruck unserer Testperson im „Hochnormalen Bereich" befindet (Mancia et al., 2013, S. 1286). Erhöhter Blutdruck stellt ein Risikofaktor für das kardio- und zerebrovaskuläre System dar, essenziell ist es demnach, diesem entgegenzuwirken (Pilz, 2008, S. 7-8). Der gemessene Ruhepuls kann zur Beurteilung des Ausdauerleistungszustandes von Kundin X herbeigezogen werden. Bei gut trainierten Personen liegt der Ruhepuls zwischen 40 bis 50, bei untrainierten 60 und 80 Schlägen pro Minute. Frauen haben eine etwas höhere Ruheherzfrequenz mit 10 Schlägen mehr pro Minute (>70 S/min) als Männer desselben Alters (Janssen & Weineck, 2003, S. 50). Bei unserer Kundin X liegt die Ruheherzfrequenz bei 78 Schlägen pro Minute. Dieser wird nun als erster Anhaltspunkt für die Ausdauerleistung von Kundin X mit den Normwerten verglichen. Hierbei wird ersichtlich, dass bei unserer Person ein erhöhter Ruhepulswert zu verzeichnen ist. Ausdauertraining bewirkt eine Pulsverlangsamung (Mathias, 2018, S.72). Daraus ist zu schließen, dass sich der Ruhepuls unserer Kundin X durch ein adäquates Ausdauertraining verbessern kann.

Tab. 3: Beurteilung des Body-Mass-Index (BMI) für Erwachsene (World Health Organization, 2000)

Klasse	BMI (kg/m^2)
Untergewicht	<18,5
Normalgewicht	18,5-24,9
Übergewicht	25,0-29,9

Der errechnete BMI von unserer Kundin X ist 26,4 (kg/m^2). Vergleicht wird dieser nun mit den Normwerten gemäß der World Health Organization (2000). Daher liegt der BMI der Testperson im Bereich des Übergewichtes.

Tab. 4: Klassifikation des Körperfettanteils (KFA) für erwachsene Frauen bis 79 Jahre (Gallagher et al., 2000)

Alter	KFA Frauen			
	Niedrig	Normal	Hoch	Sehr hoch
20-39 Jahre	<21%	21-33%	33-39%	>39%
40-59 Jahre	<23%	23-34%	34-40%	>40%
60-79 Jahre	<24%	24-36%	6-42%	>42%

Der Körperfettanteil (KFA) kann durch eine Bioimpedanzanalyse bestimmt werden. Der Körperfettanteil unserer Kundin X beträgt 34,2%, somit ist es erkennbar, dass sie in der Klassifikation nach Gallagher et al. (2000) als hoch eingestuft wird. Weitere Diagnostikdaten können zum gesundheitlichen Risiko Auskunft geben. Der Taillen-Hüft-Quotient der Kundin X liegt bei 0,87 und somit über dem Grenzwert von >0,85 für Frauen (WHO, 2011). Der Taillen-Größen-Quotient beträgt bei Kundin X 0,56. Dieser liegt knapp über dem geschlechtsunspezifischen Grenzwert von 0,5 (Ashwell, Lejeune & McPherson, 1996). Diese gemessene androide Fettverteilung bringt ein erhöhtes Risiko für Herz-Kreislauferkrankungen mit. Ebenfalls gibt dieser Wert auch ein gesundheitlichen Risiko im Zusammenhang mit einer Hypertonie, Diabetes Typ-2 und Fettstoffwechselstörungen an (Pillmann et al. 2009).

1.2 Leistungsdiagnostik/ Ausdauertestung

Die Leistungsdiagnostik ist ein wichtiger Aspekt in der Trainingsplanung und -optimierung von Ausdauersportlern. Eine gezielte Ausdauermessung gibt Aufschluss über die aktuelle individuelle Leistungsfähigkeit und den Trainingszustand einer Person. In der Folge gibt diese Diagnostik auch über die Fortschritte im Trainingsverlauf Auskunft. Dabei ist ein interindividueller Leistungsvergleich über einen längeren Zeitraum anhand von sogenannter Re-Tests möglich, um Veränderungen im Leistungsniveau zu erkennen und gegebenenfalls das Training anzupassen. Die aufgeführten Testverfahren zur Bestimmung der Ausdauerleistungsfähigkeit für unsere Kundin X richten sich nach der weit verbreiteten Ergometrie.

„Unter Ergometrie versteht man die quantitative Messung und Beurteilung der körperlichen Leistungsfähigkeit und Belastbarkeit von Gesunden und Kranken. Die Ergometrie erfolgt mit einer definierten Belastung, sie soll reproduzierbar sein, dosierbar, vergleichbar und objektiv" (Löllgen, 2009, S.4).

1.2.1 Begründung der Auswahl des IPN-Tests und des WHO-Belastungschemas

Zur Leistungsdiagnostik auf dem Fahrradergometer gibt es verschiedene Testverfahren, die an unterschiedlichen Leistungsniveaus angepasst sind. Es werden zunächst vier Testverfahren unterschieden. Als erstes wird der Vita-Maxima-Test vorgestellt. Dieser richtet sich nach gut trainierten Ausdauersportlern bzw. Leistungssportler, Triathleten und Radfahrer (Rost, 2002, S.53). Es ist essenziell, dass vor dem Test ein Gesundheits-Check durchgeführt wird. Da unsere Kundin X eine unerfahrene Ausdauersportlerin ist, ist dieser Test für sie ungeeignet. Der Wingate-Test ist für Kundin X ebenfalls nicht realisierbar, da dieser auf gute bis sehr gut trainierte Sportler abzielt. Die Sportler, die diesen Test durchführen, müssen eine entsprechende körperliche Belastbarkeit mit sich bringen, über die unsere Person noch nicht verfügt. Der IPN-Test wird auf Grundlage des Hollman- und Venrath-Test oder des WHO-Tests ausgeführt. Der Hollmann- und Venrath-Test richtet sich nach normal leistungsfähigen Männern, sowie trainierte Frauen und generell trainierte ältere Personen. Kunden, die diesen Test durchfahren, müssen eine Belastbarkeit von >150 Watt aufweisen, sonst kann der Test nicht durchgeführt werden. Im Folgenden wird ersichtlich, dass Kundin X dies nicht erfüllt. Der WHO-Test hingegen richtet sich an leistungsschwache Personen sowie untrainierte Frauen. Außerdem ist er für ältere Personen und Übergewichtige gut geeignet. Beide Tests werden mit submaximaler Belastung durchgeführt. Daher ist die Gefahr von körperlichen Überbelastungen und auch Gesundheitsrisiken gering. Anhand der biometrischen Daten unserer Kundin X ist erkennbar, dass sie als leitungsschwach zu bezeichnen ist. Seit geraumer Zeit treibt sie keinen regelmäßigen Sport. Die Blutdruckwerte und der Ruhepuls befinden sich in einem erhöhten Bereich, sie zählt auch zu der Gruppe der Übergewichtigen. Aufgrund dessen wird die Leistungsdiagnostik nach IPN-Test auf Grundlage des WHO-Tests durchgeführt.

1.2.2 Voreinstufung nach Ruhefrequenz und Lebensalter

Tab. 5: Voreinstufung nach Ruheherzfrequenz und Lebensalter (modifiziert nach Trunz, 2001; IPN, 2004, S.4)

Alter/ Hf (Ruhe)	< 20 Jahre	20-29 Jahre	30-39 Jahre	40-49 Jahre	50-59 Jahre	60-69 Jahre	>70 Jahre
< 50 S/min	140 S/min	135 S/min	130 S/min	125 S/min	115 S/min	110 S/min	105 S/min
50-59 S/min	145 S/min	140 S/min	135 S/min	125 S/min	120 S/min	115 S/min	110 S/min
60-69 S/min	145 S/min	145 S/min	135 S/min	130 S/min	125 S/min	120 S/min	115 S/min
70-79 S/min	150 S/min	145 S/min	140 S/min	135 S/min	130 S/min	125 S/min	120 S/min
80-89 S/min	155 S/min	150 S/min	145 S/min	140 S/min	135 S/min	125 S/min	125 S/min
>90 S/min	160 S/min	155 S/min	150 S/min	145 S/min	135 S/min	130 S/min	125 S/min

Mithilfe dem angegebenen Ruhepuls von 78 S/min und dem Lebensalter von 43 Jahren kann eine vorläufige individuelle Zielherzfrequenz (Pulsobergrenze) von 135 S/min für den Ausdauertest ermittelt werden. Die Zielherzfrequenz kann durch den Trainingszustand optimiert werden, indem angegeben wird, wie viel Ausdauertraining in der Freizeit betrieben wird. Bei trainierten Personen kann ein Pulsaufschlag hinzugerechnet werden (Trunz, 2001; IPN, 2004). Da Kundin X in ihrer Freizeit keine ausdauerrelevanten Aktivitäten betreibt, wird kein Pulsaufschlag für sie erhoben. Sobald die Zielherzfrequenz erreicht wird oder es zu einer frühzeitigen muskulären Ermüdung kommt, wird der Test abgebrochen.

1.2.3 Praktische Durchführung des Fahrradergometertests

Tab. 6: IPN-Test; WHO-Belastungsschema (eigene Darstellung)

Testrelevante Parameter			
Alter	43 Jahre	Geschlecht	weiblich
Gewicht	79kg	Ruhepuls	78 S/min
Leistungsstand	Untrainiert/leistungs-schwach	Pulsobergrenze	135 S/min
Testrelevanteparameter			
Eingangsbelastung	25 Watt	Belastungssteige-rung	25 Watt
Stufendauer	2 Minuten	Umdrehungszahl	60-80 U/min
Belastungsprotokoll			
Stufe (Minuten)	Belastung (Watt)	1. Herzfrequenzmessung (S/min)	2. Herzfrequenzmessung (S/min)
0	0	88 S/min	-

Belastungsprotokoll			
1-2 Minute	25 Watt	90 S/min	100 S/min
3-4 Minute	50 Watt	117 S/min	122 S/min
5-6 Minute	75 Watt	126 S/min	129 S/min
7-8 Minute	100 Watt	131 S/min	135 S/min
Testabbruch bei 100 Watt, da Pulsobergrenze erreicht wird			
Auswertung des Tests			
Endbelastung	100 Watt		
Relative Wattleistung	1,28 Watt/kg Körpergewicht (100 Watt/78kg)		

1.2.4 Bewertung der Testergebnisse des Fahrradergometertests

Der Test startete mit der anfangs Wattzahl von 25. Diese wurde zwei Minuten mit einer Umdrehungszahl von 60-80 U/min durchfahren. Nach zwei Minuten wurde die Wattzahl um 25 W erhöht, dies wird so lange wiederholt, bis Kundin X die Zielherzfrequenz, 135 S/min, erreicht hat. Unsere Kundin X ist vier Belastungsstufen durchfahren, bevor sie die zuvor definierte Pulsobergrenze erreicht hat. Das Ergebnis des IPN- Tests beträgt nach Erreichung der Zielherzfrequenz von 135 S/min 100 Watt nach 8 Minuten. Anhand der Wattzahl ist sichtbar, dass sie für den Hollmann- und Venrath-Test nicht geeignet ist. Durch das Ergebnis lässt sich die relative Watt-Soll-Leistung mit Hilfe des Körpergewichtes errechnen. Diese Beträgt 1,28 Watt/kg Körpergewicht (100 Watt:78kg). Die relative Watt-Soll-Leistung kann nun anhand einer Normwerttabelle des IPN-Testschemas für die jeweilige Altersstufe und Geschlecht verglichen werden.

Tab. 7: Normtabelle für submaximale Radergometertests - Relative Watt-Soll-Leistung (Watt pro kg)
bei Frauen (modifiziert nach IPN, 2004, S.8)

Alter/Intensität	<30	30-34	35-39	40-44	45-49	50-54	55-59	>60	Bewertung
0,50	1,15	1,09	1,04	0,98	0,92	0,86	0,81	0,75	– –
0,51	1,2	1,14	1,08	1,02	0,96	0,90	0,84	0,78	– –
0,52	1,25	1,19	1,13	1,06	1,00	0,94	088	0,81	– –
0,53	1,3	1,24	1,17	1,11	1,04	0,98	0,91	0,85	
0,53	1,3	1,24	1,17	1,11	1,04	0,98	0,91	0,85	– –
0,54	1,35	1,28	1,22	1,15	1,08	1,01	0,95	0.88	– –
0,55	1,4	1,33	1,26	1,19	1,12	1,05	0,98	0,91	–
0,56	1,45	1,38	1,31	1,23	1,16	1,09	1,02	0,94	–
0,57	1,5	1,43	1,35	1,28	1,20	1,13	1,05	0,98	–

Al-ter/In-tensi-tät	<30	30-34	35-39	40-44	45-49	50-54	55-59	>60	Be-wer-tung
0,58	1,55	1,47	1,40	1,32	1,24	1,16	1,09	1,01	–
0,59	1,6	1,52	1,44	1,36	1,28	1,20	1,12	1,04	–
0,60	**1,7**	**1,62**	**1,53**	**1,45**	**1,36**	**1,28**	**1,19**	**1,11**	Ø
0,61	1,8	1,71	1,62	1,53	1,44	1,35	1,26	1,17	Ø
0,62	2,00	1,90	1,80	1,70	1,60	1,50	1,40	1,30	Ø
0,63	2,10	2,00	1,89	1,79	1,68	1,58	1,47	1,37	+
0,64	2,30	2,19	2,07	1,96	1,84	1,73	1,61	1,50	+
0,65	**2,40**	**2,28**	**2,16**	**2,04**	**1,92**	**1,80**	**1,68**	**1,56**	+
0,66	2,60	2,47	2,34	2,21	2,08	1,95	1,92	1,69	++
0,67	2,80	2,66	2,52	2,38	2,24	2,10	1,96	1,82	++
0,68	3,00	2,85	2,70	2,55	2,40	2,25	2,10	1,95	++
0,69	3,20	3,04	2,88	2,72	2,56	2,40	2,24	2,08	++
0,70	**3,40**	**3,23**	**3,06**	**2,89**	**2,72**	**2,55**	**2,38**	**2,21**	++

Hierbei ist festzustellen, dass unsere Kundin X mit dem Belastungsfaktor (Bf) von 0,57 als untrainiert bzw. unterdurchschnittliche Ausdauerleistungsfähigkeit eingestuft werden kann (IPN, 2004, S.8). Ein Vergleich mit der Normwerttabelle ermöglicht eine interindividuelle Bewertung in Bezug auf die allgemeine aerobe Ausdauerleistungsfähigkeit.

1.3 Gesundheits- und Leistungsstatus der Person

Kundin X weist erhöhte Blutdruckwerte (hochnormaler Bereich) und eine erhöhte Ruheherzfrequenz auf (vgl.1.1.2). Trotz dessen wird Kundin X nicht medikamentös oder ärztlich behandelt. Der allgemeine Gesundheitszustand von Kundin X ist gut und es bestehen keine Begleiterkrankungen. Obwohl die Werte des Blutdrucks und des Ruhepulses erhöht sind, müssen keine Einschränkungen in Bezug auf die Trainierbarkeit gezogen werden (Hoffmann, 2001, S.20). Allerdings ist zu beachten, dass die Werte regelmäßig überprüft werden und im Falle eines unerwarteten Anstiegs während des Trainings der Trainer umgehend regulierend eingreifen muss. Auch der erhöhte BMI und KFA, auch die androide Fettverteilung schränken die Trainierbarkeit nicht ein. Die Testergebnisse aus dem vorherigen WHO-Test zeigen, dass Kundin X als untrainiert einzustufen ist. Als Ergebnis kann festgehalten werden, dass unsere Person eine geringe Belastbarkeit bzw. Trainierbarkeit besitzt.

2. Zielsetzung/ Prognose

Kundin X wurde im Eingangsgespräch nach persönlichen Trainingsmotiven gefragt. Gemeinsam mit dem Trainer wurden diese aufgenommen und festgehalten. Es stellte sich raus, dass Kundin X sich fitter in ihrem Alltag fühlen möchte. Der Wunsch ihre Gesundheit zu fördern wurde ebenfalls im Gespräch ersichtlich. Da diese Motive für ein Ziel zu unspezifisch sind, werden diese in der folgenden Tabelle konkretisiert. Die formulierten Ziele müssen messbar sein und werden daher nach Zieldefinition Inhalt, Ausmaß und Zeit gegliedert.

Tab. 8: Zielsetzung für Kundin X (eigene Darstellung)

Inhalt	Ist	Soll (Ausmaß)	Zeit
Ruheherzfrequenz senken	78 S/min	72 S/min	In 24 Wochen
Blutdruck senken	139/89 mmHg	130/85 mmHg	In 24 Wochen
Steigerung der Leistung im (nach WHO) (Watt/kg)	100 Watt; 1,28 Watt/kg	115 Watt (15%ige Steigerung)	In 24 Wochen

2.1 Begründung der Ziele

Der aktuelle Ruheherzfrequenz liegt bei 78 S/min und somit 8 Schläge pro Minute über dem Durchschnitt (Janssen & Weineck, 2003, S.50). Die Senkung der Ruheherzfrequenz um 6 S/min in 24 Wochen und die Senkung des Blutdrucks von 9 Schlägen systolisch und 4 Schläge diastolisch innerhalb von 24 Wochen zielen auf das Motiv der Gesundheitsförderung von Kundin X ab. Der Ist-Zustand des Ruheblutdrucks liegt bei Kundin X bei 139/89 mmHg, im hochnormalen Bereich (Mancia et al., 2013, S. 1286). Wird der Ruheblutdruck um 5 mmHg gesenkt, kann das Schlaganfall und Herzinfarktrisiko weitaus reduziert werden (ACSM, 2013; Graves & Franklin, 2001). Da Kundin X einen erhöhten Blutdruck hat, ist es sinnvoll diesen durch Ausdauersport zu senken, damit ihr Wunsch „Gesundheit zu fördern" realisierbar wird. Der Ruhepuls ist ein Indikator für die Ausdauerleistung einer Person ist (je höher desto schlechter), wenn Kundin X nun regelmäßig Ausdauertraining betreibt, sinkt die Ruheherzfrequenz. Durch das erreichen beider Ziele wird die Herzarbeit ökonomischer gestaltet (Mathias, 2022). Das Ziel die Wattleistung zu steigern, geht mit dem Wunsch von Kundin X „sich fitter zu fühlen" einher. Die derzeitige Wattleistung liegt 0,17 unter dem Durchschnitt. Hier soll die Wattleistung im submaximalen Fahrradergometertest um 15% von des bisherigen 100 Watt auf 115 Watt (1,47) in 24 Wochen gesteigert werden. Die Wattleistung beim WHO-Test zu verbessern bedeutet eine Verbesserung der Fitness- und Ausdauerleistung, die Verbesserung wird im Vergleich mit der Normwerttabelle nach IPN nach einem Re-Test sichtbar (IPN, 2004, S.8).

3. Trainingsplanung Mesozyklus

3.1 Grobplanung Mesozyklus

Tab. 9: Grobplanung Mesozyklus (eigene Darstellung)

Dauer	8 Wochen
Trainingszielsetzung	Aufbau der Grundlagenausdauer (GA1), Stabilisierung der Grundlagenausdauer (GA1)
Wöchentlicher Gesamttrainingsumfang	40-90 Minuten
Trainingsmethoden	Extensive Dauermethode und variable Dauermethode
Belastungsintensitäten	Extensiv: 45-60% $Hf_{Reserve}$ Intensiv:60-70% $Hf_{Reserve}$
Trainingshäufigkeit pro Woche	2-3 mal pro Woche
Trainingsdauer pro Trainingseinheit	20-33 Minuten
Trainingsgeräte	Laufband, Fahrradergometer, Crosstrainer

3.2 Detailplanung Mesozyklus

Im Folgenden kommt es zur Berechnung der Trainingsherzfrequenz (Thf) der Kundin X für die bestimmte Trainingsintensitäten. Die Intensitäten werden berechnet, um die

maximale Herzfrequenz herauszufinden, ohne vorher ein Ausbelastungstest durchzu-
führen. Die Berechnung erfolgt für Kundin X durch die sogenannte KARVONEN-
Formel (ACSM, 2005, S.342).

KARVONEN-Formel: Thf: $(Hf_{max}-Hf_{Ruhe})$ x Intensität (%) + Hf_{Ruhe}

Hf_{max}: 100% Leistungsfähigkeit des Herz-Kreislauf-Systems, wird durch Hf_{max}Lauf-
band: 220 – Lebensalter und Hf_{max}Fahrrad: 200 – Lebensalter berechnet.

Hf_{Ruhe}= Ruheherzfrequenz der Kundin X

$Hf_{Reserve}$= $(Hf_{max} - Hf_{Ruhe})$

Die Formel gibt die Intensität von ca.45%-60% $Hf_{Reserve}$ für untrainierte Personen an
(ACSM, 2006a).Für ein besseres Verständnis im weiteren Verlauf werden die Thf´s
für den ersten Trainingstag beispielhaft gerechnet. Tag 1: Thf(Laufband): (177 S/min-
78 S/min) x 0,45 + 78 S/min = ca. 123 S/min (Pulsuntergrenze); (177 S/min – 78
S/min) x 0,6 + 78 S/min = ca. 137 S/min (Pulsobergrenze)

Tab. 10: Detailplanung Mesozyklus (eigene Darstellung)

Woche 1			
	Montag	Donnerstag	-
Trainingsziel	Entwicklung Grundla-genausdauer 1 (GA1)	Entwicklung GA1	
Trainingsmethode	Extensive Dauerme-thode (DM)	Extensive DM	
Trainingsintensität inkl. Pulsunter- und unter-grenze)	45-60% $Hf_{Reserve}$: 123-137 S/min	45-60% $Hf_{Reserve}$: 114-125 S/min	
Trainingsdauer	15 Minuten	15 Minuten	
Trainingsgerät	Laufband (Walking)	Fahrrad	
Woche 2			
	Montag	Mittwoch	Freitag
Trainingsziel	Entwicklung GA1	Entwicklung GA1	Entwicklung GA1
Trainingsmethode	Extensive DM	Extensive DM	Extensive DM
Trainingsintensität inkl. Pulsunter- und unter-grenze)	45-60% $Hf_{Reserve}$: 123-137 S/min	45-60% $Hf_{Reserve}$: 114-125 S/min	45-60% $Hf_{Reserve}$: 123-137 S/min
Trainingsdauer	15 Minuten	15 Minuten	15 Minuten
Trainingsgerät	Laufband (Walking)	Fahrrad	Crosstrainer

	Woche 3		
	Montag	**Mittwoch**	**Freitag**
Trainingsziel	Entwicklung GA1	Entwicklung GA1	Entwicklung GA1
Trainingsmethode	Extensive DM	Extensive DM	Extensive DM
Trainingsintensität inkl. Pulsunter- und untergrenze)	45-60% HfReserve: 123-137 S/min	45-60% HfReserve: 114-125 S/min	45-60% HfReserve: 123-137 S/min
Trainingsdauer	18 Minuten	15 Minuten	18 Minuten
Trainingsgerät	Laufband (Walking)	Fahrrad	Crosstrainer

	Woche 4		
	Montag	**Mittwoch**	**Freitag**
Trainingsziel	Entwicklung GA1	Entwicklung GA1	Entwicklung GA1
Trainingsmethode	Extensive DM	Extensive DM	Extensive DM
Trainingsintensität inkl. Pulsunter- und untergrenze)	45-60% HfReserve: 123-137 S/min	45-60% HfReserve: 114-125 S/min	45-60% HfReserve: 123-137 S/min
Trainingsdauer	21 Minuten	18 Minuten	21 Minuten
Trainingsgerät	Laufband (Walking)	Fahrrad	Crosstrainer

	Woche 5		
	Montag	**Mittwoch**	**Freitag**
Trainingsziel	Entwicklung GA1	Entwicklung GA1	Entwicklung GA1
Trainingsmethode	Extensive DM	Extensive DM	Extensive DM
Trainingsintensität inkl. Pulsunter- und untergrenze)	45-60% HfReserve: 123-137 S/min	45-60% HfReserve: 114-125 S/min	45-60% HfReserve: 123-137 S/min
Trainingsdauer	24 Minuten	21 Minuten	22 Minuten
Trainingsgerät	Laufband (Walking)	Fahrrad	Crosstrainer

	Woche 6		
	Montag	**Mittwoch**	**Freitag**
Trainingsziel	Entwicklung GA1	Entwicklung GA1	Entwicklung GA1
Trainingsmethode	Extensive DM	Extensive DM	Extensive DM
Trainingsintensität inkl. Pulsunter- und untergrenze)	45-60% HfReserve: 123-137 S/min	45-60% HfReserve: 114-125 S/min	45-60% HfReserve: 123-137 S/min
Trainingsdauer	27 Minuten	24 Minuten	27 Minuten
Trainingsgerät	Laufband (Walking)	Fahrrad	Crosstrainer

	Woche 7		
	Montag	**Mittwoch**	**Freitag**
Trainingsziel	Stabilisierung GA1	Entwicklung GA1	Entwicklung GA1
Trainingsmethode	Variable DM	Extensive DM	Extensive DM
Trainingsintensität inkl. Pulsunter- und untergrenze)	45-60% HfReserve (extensic): 123-137 S/min und 60-70% HfReserve (intensiv): 137-147 S/min	45-60% HfReserve: 114-125 S/min	45-60% HfReserve:114-125 S/min
Trainingsdauer	30 Minuten; (5 min extensiv:5 min intensiv)	27 Minuten	27 Minuten
Trainingsgerät	Laufband (Walking)	Fahrrad	Crosstrainer

	Woche 8		
	Montag	**Mittwoch**	**Freitag**

Woche 8			
Trainingsziel	Stabilisierung GA1	Entwicklung GA1	Entwicklung GA1
Trainingsmethode	Variable DM	Extensive DM	Extensive DM
Trainingsintensität inkl. Pulsunter- und untergrenze)	45-60% HfReserve (extensiv): 123-137 S/min und 60-70% HfReserve (intensiv): 137-147 S/min	45-60% HfReserve: 114-125 S/min	45-60% HfReserve:114-125 S/min
Trainingsdauer	30 Minuten; (5 min extensiv:5 min intensiv)	30 Minuten	27 Minuten
Trainingsgerät	Laufband (Walking)	Fahrrad	Crosstrainer

3.3 Begründung zum Mesozyklus

3.3.1 Begründung zu den angesteuerten Trainingsbereichen

Zunächst werden verschiedene Trainingsbereiche unterschieden. Es gibt den Regenerations- bzw. Kompensationsbereich (REKOM), die Grundlagenausdauerbereiche 1 und 2 (GA1, GA2) und den Wettkampf bzw. sportspezifischen Ausdauerbereich. Die Intensitäten in den vier Bereichen erfolgen abgestuft (Neumann, Pfützner, Berbalk, 2007, S. 140-147). Kundin X trainiert im GA1 Bereich mit der extensiven und variablen Dauermethode. Der GA1 Bereich entspricht einer Belastungsintensität an der aeroben Schwelle mit Laktatwerten von ca. 2mmol/l. Nach den ersten sechs Wochen Aufbau der Grundlagenausdauer 1 wird die variable Dauermethode hinzugefügt, sodass keine Monotonie entsteht und um die Grundlagenausdauer 1 zu stabilisieren. Kundin X kann somit ihre Grundlagenausdauer aufbauen, stabilisieren und die aerobe Leistungsfähigkeit steigern (Hottenrott, 2006; Neumann, Pfützner, Berbalk, 2007, S.141).

3.3.2 Begründung zu den ausgewählten Trainingsmethoden

Die extensive Dauermethode wird von Kundin X in den ersten sechs Wochen im Rahmen des Minimalprogrammes trainiert. Ab Woche sechs trainiert Kundin X auch mit der variablen Dauermethode. Die extensive Dauermethode steht für die Entwicklung einer guten Grundlagenausdauer, der Ökonomisierung der Herz-Kreislauf-Arbeit und der Bewegungstechnik, damit die periphere Durchblutung verbessert wird. Außerdem kommt es zur Erweiterung des aeroben Stoffwechsels, Stärkung des Immunsystems,

Senkung des Ruhepulses und zur Stabilisierung eines erhöhten Leistungslevels (Zintl & Eisenhut, 2013, S. 119). Sie trainiert mit einer Intensität von 45-60% der Hf$_{Reserve}$ innerhalb der extensiven Dauermethode. Bei der variablen Dauermethode erfolgt ein systematischer Wechsel von niedrigen und höheren Belastungsintensitäten innerhalb eines definierten Zeitraums. Die Belastungsintensität liegt zwischen der aeroben und anaeroben Schwelle. Kundin X trainiert zwischen 45-70% der Hf$_{Reserve}$. Die variable DM steht ebenfalls für Anpassungen im Herz-Kreislauf-System, in der Skelettmuskulatur und im vegetativen Bereich zur Erweiterung der aeroben Kapazität. Außerdem verbessert die DM die Umstellung zwischen aerober und anaerober Energiebereitstellung und verbessert die Laktatkompensation- und Laktatelimination (Zintl & Eisenhut, 2013, S. 130). Die Ziele von Kundin X, Gesundheit fördern, können durch diese Methoden realisiert werden.

3.3.3 Begründung zum angestrebten wöchentlichen Belastungsumfang

Der angestrebte Belastungsumfang befasst sich von mindestens zweimal pro Woche, um ein Minimum von trainingswirksamen Belastung zu erzielen (Zintl & Eisenhut, 2001, S. 37). Kundin X trainiert in der ersten Woche zweimal und ab Woche zwei wird der Belastungsumfang auf dreimal pro Woche gesteigert. Das Minimalprogramm gibt eine Belastungszeit pro Woche von ca. 60 Minuten an, wenn dieser Umfang mit zwei bis drei Einheiten pro Woche erreicht wird, ist ein Übergang ins Optimalprogramm sinnvoll (Zintl & Eisenhut, 2001, S. 137). Die 60 min werden in Woche vier erreicht und sollen in Woche fünf und sechs überschritten werden, sodass ab Woche sechs der Übergang ins Optimalprogramm möglich ist. Die Belastungsdauer der variablen Methode liegt bei Minimum 30 Minuten, bevor das Programm durchgeführt werden kann (Zintl & Eisenhut, 2001). Durch diesen Wechsel findet ein Methodenmix statt. Auch wenn das Optimalprogamm eine Bruttobelastungszeit von drei bis vier Stunden vorgibt, muss diese nicht von Anfang erreicht werden, sondern kann stetig aufgebaut werden (Zintl & Eisenhut, 2001).

3.3.4 Begründung zur Belastungsprogression

„Häufigkeit vor Umfang vor Intensität!" (Zintl & Eisenhut, 2009, S.18). Zunächst kommt es zu einer Erhöhung der Häufigkeit, Kundin X trainiert in Woche eins zweimal und ab Woche zwei, dreimal wöchentlich. Dies ist mit dem zeitlichen Verfügungsrahmen der Kundin X kompatibel. Nach der Erhöhung der Häufigkeit steigt nun die Belastungsdauer. Im Sinne der progressiven Belastungssteuerung wird der Trainingsumfang von Kundin X wöchentlich ca. 15% erhöht. Im Rahmen des Methodenmixes wird von der extensiven in die variable Dauermethode gewechselt und somit wird zuletzt die Intensität gesteigert. Der Mindestreiz, um Anpassungserscheinungen zu erzielen, liegt bei 45-50% $Hf_{Reserve}$ (ACSM, 2006b). Eine Erhöhung der $Hf_{Reserve}$, wird ab der variablen Dauermethode zu 60- 70% $Hf_{Reserve}$ durchgeführt. Daher besteht ein optimales Verhältnis zwischen Belastung und Erholung. Dadurch, dass die Belastungsdauer unter einer Stunde im extensiven Belastungsbereich bleibt und ist es möglich in ersten Wochen kein Regenerationstraining einzubauen, da die Regenerationszeit bis zu 24 Stunden andauert (Zintl & Eisenhut, 2001). Ab Woche sechs ist es sinnvoll mit einem Belastungsverhältnis von 3:1 umzusetzen, da die Intensitäten ansteigen. Aufgrund der aber erstmal moderaten Intensität wird das Verhältnis erst in nachfolgenden Mesozyklen von Kundin X berücksichtigt.

3.3.5 Begründung zu den ausgewählten Ausdauergeräten bzw.
Bewegungsformen

Zunächst startet Kundin X mit Walking auf dem Laufband. Da sie ein niedriges Leistungsniveau aufweist, eignet sich diese Art von Ausdauersport gut. In ihrer Freizeit geht sie einmal wöchentlich spazieren, daher ist die Art von Sport bekannt. Das Walking ist gerade für Kundin X ideal, da Walking gut für Übergewichtige, Ältere und Personen mit gesundheitlichen Einschränkungen ist und es eine ausreichenden Trainingsreiz mit geringer Überforderungsgefahr besteht (Schwarz, Urhasuen & Schwarz, 1998, S.315-317). An den anderen Trainingstagen wird der Fahrradergometer eingesetzt, dieser ist für geringe Anforderungen der koordinativen Fähigkeit bekannt. Außerdem ist der Bewegungsablauf einfach und daher besteht eine geringe Gefahr von orthopädischen Fehlbelastungen. Um einer Monotonie und Motivationsverlustes entgegenzuwirken, wird der Crosstrainer als drittes Gerät hinzugefügt. Es ist sinnvoll den Crosstrainer einzusetzen, um große Stoßbelastungen beim Laufen zu verhindern (Schwarz, Schwarz, Urhausen & Kindermann, 2002, S.292). Es ist wichtig, dass Kundin X in ihren Trainingseinheiten in die aufrechte Haltung durch ein Trainingsgerät gebracht wird, da sie in ihrem Alltag viel sitzt. Es wird außerdem darauf geachtet, dass

1/6 der Skelettmuskulatur beansprucht wird, damit ein allgemeines und kein lokales Grundlagenausdauertraining durchgeführt wird (Zintl & Eisenhut, 2013, S. 143).

4. Literaturrecherche

Tab. 11: Literaturrecherche zu den Effekten des Ausdauertraining bei Übergewicht/Adipositas (eigene Darstellung)

Titel	„The effect of 12 weeks of aerobic, resistance or combination exercise training on cardiovascular risk factors in the overweight and obese in a randomized trial"	"Effects of high-intensity circuit training, low-intensity circuit training and endurance training on blood pressure and lipoproteins in middle-aged overweight men"
Autoren	Ho, S.S, Dhaliwal, S.S., Hills, A.P. und Pal, S.	Paoli, A., Pacelli, Q. F., Moro, T., Marcolin, G., Neri, M., Battaglia, G., Sergi, G., Bolzetta, F., Bianco, A.
Publikation	August 2012 in BMC Public Health, 12, 704	Dezember 2013 un Lipids Health and Disease (12) 131
Forschungsfrage	Kann ein 12-wöchiges moderates-intensives Aerobic-, Wiederstands- oder kombiniertes Training bei übergewichtigen und fettleibigen Erwachsenen im Vergleich zu keinem Training eine Verbesserung des kardiovaskulären Risikoprofils und Gewichts- und Fettabbau hervorrufen und auch aufrechterhalten (Ho, Dhaliwal, Hills & Pal, S., 2012)?	Welche physiologischen Auswirkungen hat ein hochintensives Zirkeltraining (HICT) auf verschiedene Risikofaktoren für Herz-Kreislauf-Erkrankungen bei gesunden, übergewichtigen Probanden mittleren Alters und Auswirkungen von HCIT mit denen eines traditionellen Ausdauertrainings (ET) und niedrigintensiven Zirkeltraining (LICT) (Paoli et al., 2013, 131)?
Versuchspersonen	97 übergewichtige oder fettleibige Männer (n=16) und Frauen (n=81) im Alter von 40-66 Jahre mit einem BMI von >25 kg/m2 oder einem Taillenumfang von >80 cm bei Frauen und > 90cm bei Männern. Die Probanden mussten überwiegend sitzend oder relativ inaktiv sein (in den letzten drei Monaten weniger als eine Stunde Sport pro Woche mit mäßiger Intensität). Die Ausschlusskriterien waren Diabetes mellitus, vorbestehende Herzbeschwerden, fettsenkende Medikamente, Betablocker, schwangere oder stillende Frauen, Raucher, Operationen des Magen-Darm-Trakts, schwere akute oder chronische Krankheiten, die auch die Fähigkeit zur Durchführung der erforderlichen Bewegungen einschränken würden (Ho et al., 2012)	Es wurden 58 gesunde, untrainierte Teilnehmer im Alter von 61 +/- 3,3 Jahren, ohne Kontraindikationen außer einen erhöhten BMI von 29,8 +/-0,9 kg/m² untersucht. Die Ausschlusskriterien für Teilnehmer waren kürzlich erlittene Myokradifakt, starke Herzrhythmusstörungen, instabile Angina pectoris, schlecht eingestellter Blutdruck und Diabetes mellitus, Ektopien oder erhebliche kognitive Störungen (die bei der Trainingsdurchführung beeinflussend sind), akute entzündliche Arthritis oder Osteoporose (Paoli et al, 2013, S. 131).
Versuchsaufbau	Durch lokale Zeitungen, Radio und aus vorhandener Datenbank von Freiwilligen aus früheren Studien, die mindestens sechs	Mittels Poster- und Email-Werbung wurden Teilnehmer für die klinische Untersuchung gesucht.

| | Monate vorher abgeschlossen wurden, wurden die Teilnehmer ausgesucht. Die Probanden wurden in vier verschiedene Gruppen eingeteilt, nachdem sie vom Forscher rekrutiert worden sind (nach dem Zufallsprinzip). Die erste Gruppe war die Kontrollgruppe, diese erhielten keine sportlichen Interventionen außer ein Placebo-Nahrungsergänzungsmittel. Dieses wurde eingesetzt, um sicherzugehen, dass Gruppe eins nicht weiß, dass sie die Kontrollgruppe ist. Gruppe zwei (Aerobic) trainiert an fünf Tagen pro Woche 30 Minuten aerobes Training auf dem Laufband mittels Gehen. Gruppe drei (Widerstand) führte fünf Tage pro Woche ein 30 Minütiges Widerstandtraining an Kraftgräten durch. Gruppe vier (Kombination) macht an fünf Tagen pro Woche 15 min aerobes und 15 min Widerstandtraining. Während der Studie wurde dreimal Blutabgenommen, um die Körperzusammensetzung zu bestimmen und andere Messdaten durchzuführen. Alle Probanden mussten ihre Nahrungsaufnahme und körperliche Aktivität, außer es wurde einzelnen aus der Gruppe etwas anderes angewiesen, auf demselben Stand wie vor der Studie einhalten (Ho et al., 2012). | Die 58 Teilnehmer wurden zufällig einer von drei Gruppen zugewiesen und trainierten jeweils über 12 Wochen 3x wöchentlich für 50 Minuten pro Trainingseinheit. Die erste Gruppe absolvierte ein HICT (n=19), die zweite ein LICT (n=19) und die dritte Gruppe ein klassisches Ausdauertraining ET (n=20). Alle Teilnehmer nahmen am selben Diätprogramm teil. Zu Beginn und nach den Trainings- und Ernährungsprogramm wurden die anthropometischen Merkmale Körpergewicht, Körperfett, diastolischer sowie systolischer Blutdruck, Gesamtcholesterol, LDL-Cholesterol, HDL-Cholesterol, Neutralfette, Apolipoprotein B und das Größenverhältnis von Apolipoporotein B zu Apolipoprotein A1 gemessen (Paoli at al., 2013, S.131). |
| **Ergebnisse und Schlussfolgerungen** | Es zeigten sich signifikante Verbesserungen des Körpergewichtes in der Kombinationsgruppe (-1,6%) und des Gesamtkörperfettes (-4,4%) im Vergleich zur Kontrollgruppe und im Vergleich zur Widerstandsgruppe. Auch eine Verbesserung des KFA´s (-2,6%), Bauchfettanteils (-2,8%) und der kardio-respiratorische Fitness (13,3%) konnte festgestellt werden im Vergleich zur Kontrollgruppe. Auch die HDL-Werte waren in der Widerstandsgruppe signifikant höher als in der Kontrollgruppe. Die ApoB48-Werte. Ein 12-wöchiges Trainingsprogramm bestehend aus Kombinations- oder Widerstandtraining, was bei moderater Intensität über 30 Minuten, fünf Tage die Woche ausgeführt wurde, führt zu einer Verbesserung des kardiovaskulären Risikoprofils bei übergewichtigen und adipösen Probanden im Vergleich zur Kontrollgruppe. Die Kombinationsübungen zeigten größere Vorteile bei der Gewichtsabnahme, Fettabbau und kardiorespiratorischen Fitness als separates Aerobic- oder Widerstandtraining. Daher kann gesagt werden, dass ein Kombinationstraining für adipöse Erwachsene empfohlen wird (Ho et al., 2012). | Die Gruppe, die HCIT durchführten, erreichten eine signifikant höhere Senkung der Fettmasse, des diastolischen Blutdruck, des Gesamtcholesterols, des LDL-Cholesterols, der Neutralfette, des Apolipoprotein B und zu einem signifikanten Erhöhung des HDL-Cholesterols. Die LICT Gruppe erreichte die stärkste Senkung des systolischen Blutdrucks. Alle drei Gruppen wiesen eine signifikante Verbesserung des Körpergewichtes auf, ohne dass es bedeutende Unterschiede zwischen den einzelnen Gruppen gab. Die Ergebnisse zeigen, dass ein hochintensives Zirkeltraining den Blutdruck, die Lipoproteine und die Neutralfette effektiver verbessert als ein reines Ausdauertraining oder niedrig intensives Zirkeltraining (Paoli at al., 2013, S.131). |

5. Literaturverzeichnis

American College of Sports Medicine. (2005). *ACSM's Guidelines for Exercise Testing and Prescription.* (7. Aufl.). Philadelphia: Williams & Wilkins.

American College of Sports Medicine. (2006a). *Guide-lines for exercise testing and prescripiton* (5. Aufl.). Philadelphia: Lippincott Williams & Wilkins.

American College of Sports Medicine. (2006b). *Resource Manual for Guidelines for Exercise Testing and Prescripiton* (5. Aufl.). Philadelphia: Lippincott Williams & Wil- kins.

American College of Sports Medicine. (2013). *ACSM's Guidelines for Exercise Testing and Prescription* (9. Aufl.). Philadelphia: Lippincott Williams & Wilkins.

Ashwell, M., Lejeune, S. & McPherson, K. (1996). Ratio of waist circumference to height may be better indicator of need for weight management. *British Medical Journal, 312* (7027), 377

Gallaher, D., Hemysfield, S. B., Heo, M., Jebb, S. A., Murgatoryd, P. R. & Sakamoto, Y. (2000). Healthy percentage body fat ranges: an Approach for developing guide-lines based on body mass index. *Britisch Medical Journal, 312* (7027), 377.

Graves, J. E. & Franklin, B. A. (2001). *Resistance training for health and rehabilitation.* Champaign, Ill: Human Kinetics.

Ho, S., Dhaliwal S.S., Hills, A. P., Pal, S. (2012) The effect of 12 weeks of aerobic, re-sistance or combination exercise training on cardiovascular risk factors in the over-weight and obese in an randomized triral. *BMC Public Health, 12,* 704.

Hoffmann, G. (2001). Hypertonie und Sport. *Deutsche Zeitschrift für Sportmedizin, 52* (7-8), 20.

Hottenrott, K. (2006). *Trainingskontrolle mit Herzfrequenz-Messgeräten* (1. Aufl.). Aachen: Meyer & Meyer.

Institut für Prävention und Nachsorge. (2004). *IPN-Test® – Ausdauertest für den Fit-ness- und Gesundheitssport.* Köln: Institut für Prävention und Nachsorge (IPN).

Janssen, P.G. & Weineck, J. (2003). *Ausdauertraining. Trainingssteuerung über die Herzfrequenz- und Michsäurebestimmung (3. Überarb. U. erw. Aufl.).* Balingen: Spitta.

Löllgen, H., Erdmann E. & Gitt, A. (2009). *Ergometrie. Belastungsuntersuchungen in Klinik und Praxis.* (3. Aufl.). Berlin, Heidelberg: Springer. Zugriff am 27.04.2023. Verfügbar unter https://link.springer.com/chapter/10.1007/978-3-540-92730-3_1

Mancia, G., Fagard, R., Narkiewicz, K., Redòn, J., Zanchetti, A., Böhm, M. et al. (2013). 2013 ESH/ESC Guidelines for the management of arterial hypertension. The task force for the management of arterial hypertension of the European Society of Hypertension (ESH) and of the European Society of Cardiology (ESC). *Journal of Hypertension, 31* (7), 1281-1357.

Mathias, D. (2018). *Fit und Gesundheit von 1 bis Hundert. Ernährung und Bewegung. Aktuelles medizinisches Wissen zur Gesundheit* (4. Aufl.) Berlin: Springer. Zugriff am 27.04.2023. Verfügbar unter https://link.springer.com/content/pdf/10.1007/978-3-662-56307-6.pdf?pdf=button

Mathias, D. (2022). *Fit und gesund von 1 bis Hundert mit Ernährung und Bewegung.* Berlin: Springer. Zugriff am 07.05.2023. Verfügbar unter: *https://link.springer.com/chapter/10.1007/978-3-662-64209-2_57*

Neumann, G., Pfützner, A. & Berbalk, A. (2007). *Optimiertes Ausdauertraining* (5., überarb. Aufl.). Aachen: Meyer & Meyer.

Paoli, A., Pacelli, Q.F., Moro, T., Marcolin, G., Neri, M., Battaglia, G. et al. (2013). Effects of high-intensity circuit training, low-intensity circuit training and endurance training on blood pressure and lipoproteins in middle-aged overweight men. *Lipids in Health and Disease, 12,*131

Pilz, H. (2008). Hypertonie und Schlaganfall. *Journal für Hypertonie – Austrian Journal of Hypertension, 12* (4),7-12.

Pillmann, N., Schwinger, R. H. & Brixius, K. (2009). Fettstoffwechsel, Geschlecht und Sport. *Blickpunkt Mann, 7* (3), 7–10.

Rost, R. (Hrsg.). (2002). *Lehrbuch der Sportmedizin.* Köln: Deutscher Ärzte-Verlag.

Schwarz, M., Urhausen, A. & Schwarz, L. (1998). Walking – Eignung als alternative Aus- dauertrainingsform im Gesundheits- und Freizeitsport. *Deutsche Zeitschrift für Sportmedizin, 49* (10), 315–317.

Schwarz, M., Schwarz, L., Urhausen, A. & Kindermann, W. (2002). Standards der Sportmedizin Walking. *Deutsche Zeitschrift für Sportmedizin, 53* (10).

Trunz, E. (2001). *IPN-Test®- Ausdauertest für den Fitness- und Gesundheitssport.Köln, Institut für Prävention und Nachsorge.* Köln

World Health Organization. (2000). *Obesity: Preventing and Managing the Global Epidemic - Report of a WHO Consultation:* The Stationery Office Books (Agencies).

WHO (2010), *A healthy lifestyle- WHO recommendations.* Zugriff am 27.04.2023. Verfügbar unter https://www.who.int/europe/news-room/fact-sheets/item/a-healthy-life- style---who-recommendations.

World Health Organization. (2011). *Waist circumference and waist-hip ratio. Report of a WHO expert consultion, Geneva, 8-11 December 2008.* Geneva.

Zintl, F. & Eisenhut, A. (2001). *Ausdauertraining. Grundlagen Methoden Trainings-steuerung* (5. überarb. Aufl.). München: BLV.

Zintl, F. & Eisenhut, A. (2009). *Ausdauertraining. Grundlagen Methoden Trainings-steuerung* (7. überarb. Aufl.). München: BLV.

Zintl, F. & Eisenhut, A. (2013). *Ausdauertraining. Grundlagen Methoden Trainings-steuerung* (8.Aufl., Neuausg.) München: BLV

5.1 Tabellenverzeichnis